DOE38416

FRISSONS

ET PÂMOISONS

Dans la même collection :

*L*E SOMMEIL

*L*ES LARMES

*L*E SEIN

*L*A MAIN

*L*ES CHEVEUX

© Éditions Alternatives,
5 rue de Pontoise, 75005 Paris.
1998

Collection
Grains de beauté

Jacqueline Kelen

FRISSONS
et
PÂMOISONS

Éditions Alternatives

Le corps défaille devant l'inattendu de la beauté, de la douleur ou de l'amour. Le corps des hommes est bien fragile. C'est un édifice qu'on croit solide mais qui peut vaciller au moindre souffle, même si la raison veille, même si la volonté monte la garde. De la chair de poule à l'évanouissement, de la pâleur au gémissement et du balbutiement à l'extase, le corps essaie de dire et de

résister mais il ne peut contenir
ce qui est à la fois insaisissable et
insoupçonné.

On tremble de froid, de peur,
on frissonne devant l'inconnu et
sous la caresse. Les plus timides
rougissent devant une personne
qui les impressionne ou lors
d'une rencontre décisive.
Certains auront, par désir
soudain, par émoi amoureux,
ces langueurs et ces suffocations
que les médecins ont longtemps
attribuées à une complexion
faible, à une sournoise maladie.
D'autres enfin, en poussant des
soupirs, se rendent bien compte
que l'essentiel se glisse entre
les mots, dans les blancs de

la pensée, et que ce suspens de la parole s'avère moins une exténuation qu'une révérence devant ce qui la dépasse.

On reconnaît à ces signes furtifs l'approche de l'Immense.

Les gens réalistes affirment qu'il faut maîtriser ses émotions si l'on ne veut pas perdre tous ses moyens. D'autres, pour prendre quelque distance, tentent de réduire le sentiment amoureux, la crainte ou l'émerveillement, à une circulation d'hormones. Mais le français et bien d'autres langues, relayant l'expérience personnelle, persistent à dire : coup de foudre, tomber amoureux, tomber évanoui...

L'amour terrasse comme
la frayeur. On se retrouve glacé,
sidéré devant l'être longuement
rêvé et attendu aussi bien que
devant l'horreur et l'absurde qui
prennent tête de Méduse.

Je le vis, je rougis,
je pâlis à sa vue ;
Un trouble s'éleva dans
mon âme éperdue ;
Mes yeux ne voyaient
plus, je ne pouvais
parler ;
Je sentis tout
mon corps et transir
et brûler.

Racine

Le corps supporte mal ce qui
dépasse l'entendement.

La première victime du
coup de foudre, inscrite dans
la mythologie grecque, est sans
conteste Sémélé que Zeus,
qui brandit l'éclair et le tonnerre,
séduisit. L'imprudente Sémélé
demanda un jour à son amant
divin de se montrer à elle dans
toute sa puissance : elle fut
immédiatement foudroyée ;
de la jolie femme ne resta
qu'un petit tas de cendres.

Pour nous rassurer, nous
continuons à penser que la raison
domine ce que nous qualifions
d'instincts, d'émotions, et du corps
humain le monde moderne

donne une image forte – à la fois
une sorte de contenant pour
les os, le sang, les organes, et une
mécanique que seule la maladie
peut perturber. Mais voici qu'un
individu se met à bégayer,
qu'il tombe en syncope ; voici
que son corps est parcouru
de frissons irrépressibles,
qu'il tremble comme une feuille ;
ou voici qu'il bâille, soupire,
blêmit... Devant ces dérapages,
ces petites fuites, où est
la noble machine ? Et si le plus
précieux de l'homme était dans
la langueur et le tremblement,
s'il était dans le souffle – exhalé
ou coupé –, dans ces glissades
subtiles ?

L'homme fut un assemblage d'un peu de boue et d'eau. Pourquoi une femme ne serait-elle pas faite de rosée, de vapeurs terrestres et de rayons de lumière, des débris d'un arc-en-ciel condensés ?

Cazotte

L'homme n'est pas
un roseau, même pensant.
Il est murmure de roseau.

De fait, par ces moyens
étranges le corps se rappelle à
nous. Ces frissons, ces pâmoisons
indiquent moins la trahison
du corps que la faiblesse de
l'esprit raisonneur. Il est donc
souhaitable de "perdre le sens"
afin de renouer avec tous
ses sens et de les remercier.
L'émotion est plus rapide que la
pensée et elle se trompe moins.
Le miracle, c'est d'arriver avec
tous ces flux, ces brouillards,
ces vapeurs et ces incartades,
à tenir debout, à faire croire à
une cohésion. La merveille

Au gel en moi,
la brûlure succède,
De me pâmer
j'ai trop envie,
Ma gorge est si serrée
et mes jambes
si faibles
Que je me sens périr...

Sappho
(VIᵉ siècle av. J.C.)

Un soupir,
un frisson d'amour
sort du sein gonflé
de la terre,
et le chœur
des astres
se déroule
dans l'infini...

Gérard de Nerval

du corps c'est de rassembler tout
cela qui est voué à l'éparpillement.

Peut-on aimer sans être
troublé ? Sans avoir le cœur
qui bat la chamade, les joues
qui s'empourprent, sans faire des
gestes désordonnés ? On le voit :
les sentiments nous appartiennent
si peu qu'ils nous jettent hors de
nous. La grande vertu de l'amour
consiste à nous déposséder de
nous-mêmes, à souffler comme
un ouragan sur la maison fermée
pour nous faire accéder au
monde. A la faveur d'un coup
de foudre, dans les feux de
la passion, dans les enroulements
de vagues, les halètements
de tempêtes, dans les

éclaboussements stellaires
des étreintes amoureuses,
l'être humain devient cosmique.
Il est, ébahi, glorieux, un grand
champ de bataille livré aux forces
fondamentales. Tout ce qui
le désignait comme humain par
rapport aux autres vivants
a disparu, en premier le langage :
l'être énamouré devient
murmures, frémissements, cris,
plaintes, souffles bas ; il est
crissant comme feuille sèche,
soyeux comme un pelage de
loutre, magnifiquement lourd
comme la pierre qui choit,
impalpable comme lueur, indocile
comme plume. Il ne marche plus
sur la terre des hommes : il vole,

Quelle est celle-ci
qui vient ?
Chacun la regarde ;
de clarté elle fait
tressaillir l'air ;
elle mène avec elle
Amour, en sorte
que nul ne peut
dire mot ; mais
chacun soupire.

Guido Cavalcanti

il danse au bord de l'abîme,
il nage tout au fond des eaux.
Il est dans le commencement de
l'amour et déjà son corps a tout
compris. Il a renoué avec
le grand Homme primordial
qu'évoquent les mythes
scandinaves et chinois :
sa chevelure devient forêt,
ses yeux sont deux lacs, ses os
des monts cailloux, son sang a
la couleur de l'océan, son cœur
les fougues du volcan et
son cerveau n'est que nuages...
Oui, il est entièrement rythmes
et frissons, vents, pluies et
palpitations. Il a délaissé
sa carcasse de vieil hiver,
sa cuirasse de peureux.

*Toute personne
qui aime pâlit
à l'aspect de ce
qu'elle aime.
A la vue imprévue
de ce qu'on aime,
on tremble.*

André Le Chapelain
(XIIe siècle)

Quand on tremble d'amour
ce n'est pas qu'on appréhende
le visiteur mais qu'on devine son
excès, qu'on accepte sa folie.

    La littérature amoureuse
abonde en coups de foudre et
en lascivités, en regards surpris,
en gestes esquissés ; elle dit
l'égarement des sens,
un désordre plus ou moins
gouverné. Depuis la rencontre de
Dante et de Béatrice jusqu'à la
passion du jeune Werther,
depuis le code de la fin'amor
où la discrétion attise encore
le désir de l'autre, jusqu'à
la pâleur lunaire, échevelée
des Romantiques, et depuis
la carte de navigation des

Précieuses et leur vocabulaire
raffiné jusqu'à "l'explosante fixe"
et "la beauté convulsive" de
l'amour fou selon André Breton.
A eux seuls les soupirs forment
un langage qu'il convient
de décrypter : soulagement,
chagrin, regret, oppression, aveu,
attente, exaspération, espoir...
Il faut avoir le cœur savant autant
que l'oreille fine pour entendre
ces nuances. Les soupirs, les
regards dérobés, les effleurements
composent autant de billets-doux
mais non écrits afin de ne pas
importuner l'être aimé. Plus tard
ces souffles amoureux,
ce langage chuchoté deviendront
des passages obligés, une habile

stratégie pour faire tomber la
belle. On parlera de soupirants
comme de galants.
De l'infinie délicatesse de l'amour
que l'amant courtois n'osait
blesser avec des mots on passera
aux jeux de la frivolité.
Du je ne sais quoi de la passion
commençante, indicible,
on ne retiendra qu'une
superfluité. Le soupir était
un égard, un étonnement voilé ;
il devient lassitude, habitude.

Les hommes soupirent,
les femmes se pâment.
Les premiers rougissent ou
balbutient, les secondes tremblent
et pleurent. Ce n'est pas
du théâtre ni de la pudibonderie

mais plutôt la surprise puis
le triomphe de l'amour. La rougeur
d'un visage dénote le feu
intérieur grandissant, elle dit que
l'amoureux est embrasé bien plus
qu'embarrassé. Les Précieuses
nommaient les joues "trônes de
la pudeur" et on qualifie aussi
certaine couleur d'étoffe de
"cuisse de nymphe émue", mais ces
manifestations d'un corps troublé
cherchent à cacher la nudité de
l'âme, la violence du sentiment, bien
loin d'exprimer la gêne. Celui qui
soupire, celle qui frissonne
se montrent plus que jamais livrés à
l'autre, atteints au plus fragile de leur
être. Déjà ils répondent à l'attente et
à l'inattendu de l'autre.

Hier, dans l'après-
midi, Dieu le sait,
j'étais seul au pied
des rochers
surplombants ;
je m'évanouissais
d'amour ; l'eau ne
me désaltérait pas
tant mon cœur
brûlait.

Poème touareg
(fin XIXᵉ siècle)

Gorge serrée, bouche sèche,
front coquelicot, genoux
tremblants, cils humides...
Ce n'est pas là un tableau
clinique mais le paysage brouillé
et bouleversé de l'émoi
amoureux. Un bouquet un peu
confus de louanges offertes à
la venue de l'autre. Nous qui ne
parlons plus guère qu'en termes
de "planning", colloques
et rendez-vous d'affaires,
nous avons soigneusement écarté
tout imprévu ; et au milieu de
la foule toute présence humaine
est banalisée, quasi inexistante.
Mais pour les amoureux,
la présence de l'autre est pure
apparition, phénomène

comparable à une comète,
à une aurore boréale. Le trouble,
le tremblement jusqu'à chanceler
et s'évanouir avouent qu'on ne
saurait s'habituer à l'incroyable
présence de l'autre ni au mystère
impérieux de l'amour.

La Bible est riche de
ces appels feutrés du désir.
Amnon et Tamar, Ruth et Booz,
Esther et Assuérus: langueur,
frisson, pâmoison.

Amnon éprouve un désir
illicite pour sa jeune sœur Tamar.
Il soupire et se languit. On dirait
de nos jours qu'il se "fait porter
pâle". Il s'alite en effet et aux
gens qui s'inquiètent de son état
il dit que seul un gâteau préparé

et apporté par Tamar serait
un remède au mal étrange dont
il souffre. Tamar l'innocente
s'exécute. Elle entre dans
la chambre de son frère,
elle s'approche du lit en tendant
le gâteau mais le malade se saisit
de sa sœur dont la peau lui
paraît bien plus sucrée que
ces friandises au miel et il apaise
sa convoitise illico. Le sournois
avait compris que lorsqu'on
se meurt d'amour, on commence
par s'aliter.

La rencontre de Ruth,
la jeune veuve, avec Booz, maître
des moissons, est bien moins
violente. L'homme est placide et
protecteur, il permet à Ruth

d'aller glaner des épis d'orge et de blé dans ses champs pour pouvoir subsister. La jeune femme est timide et reconnaissante. Déjà elle rêve et s'offre.

Mais comment s'avancer vers le maître des moissons sans défaillir, comment dire son désir sans paraître se soumettre ?...

C'est l'été, les nuits sont douces et les étoiles claires. Booz préfère dormir dehors, sous le ciel bienveillant. Il ne voit pas venir à lui une femme parfumée et parée : il dort comme un juste. Et la femme en tremblant se tient à ses pieds comme une racine, comme une profondeur de source désenfouie. Elle attend, elle sait,

Une maîtresse désirée trois ans est réellement maîtresse dans toute la force du terme ; on ne l'aborde qu'en tremblant, et, dirais-je aux Don Juan, l'homme qui tremble ne s'ennuie pas.

Stendhal

elle soupire. Et voici que Booz
frissonne dans son sommeil,
sous la nuit étoilée. Il a ressenti
du fond de son sommeil
un appel, une fraîcheur insigne.
Il ouvre les yeux et découvre à
ses pieds, telle une gerbe souple,
la jeune Ruth allongée.
Les quelques mots entre eux
échangés ne diront rien de plus
que ce tremblement
de femme qui éveilla Booz,
lui annonçant la venue furtive
et sûre de l'amour.

L'expression est jolie, pour
parler de l'évanouissement :
on "perd conscience", on "perd
connaissance". Mais de quelle
connaissance s'agit-il ici,

Je vis, mais sans
vivre en moi-même ;
J'attends une vie
si haute
Que je meurs
de ne pas mourir.

Thérèse d'Avila

si ce n'est la certitude du réel,
la solidité du moi ? Et quelle
autre connaissance va apporter
cette brève disparition du monde
des apparences ? Dans la
tradition hébraïque, on prononce
à voix haute le nom de
la personne évanouie pour
la rappeler à elle, pour l'arracher
aux nuées, aux périls de l'ailleurs.

Bien différente des
bourgeoises qui avaient leurs
vapeurs et à qui on faisait
respirer des sels pour les ranimer,
la reine Esther éprouve un noble
évanouissement que relate
la Bible et qui a inspiré de
nombreux peintres. La scène
se passe à Suse, dans le palais

*Je vis entre
la fièvre et
l'évanouissement,
dans des chambres
ensoleillées
où il fait un froid
indicible.*

Georg Trakl

opulent d'Assuérus. Esther est
juive mais son époux Assuérus
l'ignore. Au vrai il ne voit guère
sa femme, il a d'autres ambitions,
des préoccupations moins
sentimentales. Mais les événements
se précipitent du fait d'un
conseiller du roi, dénommé
Aman. Ce dernier intrigue pour
gagner les faveurs d'Assuérus,
il espionne, il surprend
des complots ; et puis il a l'idée
d'exterminer les Juifs
du royaume. Vieille idée.
Et Assuérus, convaincu, fait
promulguer le décret à Suse et
dans les autres provinces de
son royaume. Esther tremble.
De peur d'abord. Puis, après

maintes prières à son Dieu,
elle décide d'intervenir auprès de
son époux, de le faire revenir sur
une décision odieuse et injuste.

Esther se croit forte mais
son âme est à fleur de peau.
Lorsqu'elle s'avance vers le roi
pour formuler sa requête, elle
sent son cœur battre comme une
colombe prise au piège, ses
jambes se dérobent, son regard
se brouille. Elle défaille et se
penche sur l'épaule de sa
suivante. Elle tombe en pâmoison
devant son époux, non de
frayeur mais d'amour. Jamais
Esther n'avait vu Assuérus comme
il lui apparut en cet instant,
dans toute sa magnificence.

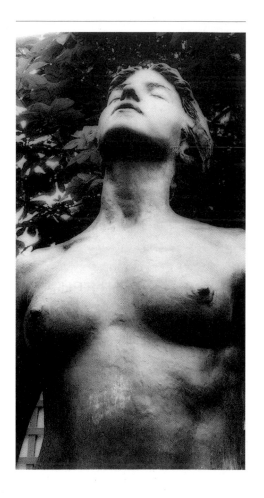

Le miracle de l'amour se produit
quelques années après un mariage
quelque peu arrangé. Et jamais
le roi n'avait levé les yeux sur
plus radieuse femme. Devant tant
de beauté, tant de puissance,
Esther ne peut tenir. Tandis que
son corps chancelle, que son âme
s'échappe, le roi quitte son trône
pour prendre dans ses bras celle
qui devient en cet instant
son aimée. Le trouble d'Esther
correspond à un changement
du regard, à une vision d'amour.
Et l'élan d'Assuérus est
un empressement amoureux.
L'histoire finira bien, les Juifs
seront épargnés – du moins à
Suse, sous le règne d'Assuérus –

parce qu'un roi et une reine
se seront découverts et
approchés en tremblant.

L'égarement des sens,
qui mène à l'évanouissement,
n'est pas seulement dévolu aux
femmes. Dans le récit d'Apulée,
Eros, jeune dieu de l'amour,
lui qui envoyait ses flèches
pernicieuses et délicieuses aux
mortels, devient à son tour blessé
d'une langueur inconnue.
Il a rencontré Psyché, il a fait
d'elle sa femme dans le plus
grand secret et elle-même
n'a jamais vu le visage de
son mystérieux époux. Par une
curiosité impardonnable, Psyché
va perdre Eros et redevenir

la plus malheureuse des mortelles. De son côté, Eros, qui a rejoint l'Olympe et le giron maternel, gémit, se couche et se laisse mourir. Les dieux olympiens se montreront sensibles et, après avoir infligé quelques sévères épreuves aux deux tourtereaux, ils accepteront leur union.

Autre consomption, celle de Narcisse. De même qu'Eros s'alanguissait d'amour, Narcisse s'affaiblit et se pâme devant la beauté entrevue. Jusqu'alors Narcisse dédaignait la compagnie humaine, il refusait l'amour et se plaisait dans les lieux sauvages. Un jour,

se penchant sur l'eau, il découvre
un visage merveilleux qu'il ne
connaît pas et il ne peut plus
se détacher de cette image fragile.
Il mourra là, près de l'onde, happé
par un visage né de la rencontre
du ciel et de l'eau. Sur la terre
des humains il se transformera en
une fleur blanche au cœur d'or,
un narcisse odorant. Bien après
sa disparition on inventera
le concept de narcissisme, alors
que dans la fable grecque
le jeune homme s'évanouissait
devant la beauté et que son corps
ne se dérobait que pour aller
retrouver ailleurs cette indicible
beauté, cette beauté invisible
à la plupart.

Dans la tradition courtoise, les hommes les plus valeureux défaillent d'amour. Le meilleur chevalier à la cour d'Arthur s'appelle Lancelot et aucun ennemi ne lui fait peur. Mais à la vue de la reine Guenièvre dont il est secrètement épris, il s'évanouit. Toutes ses prouesses chevaleresques, tout son courage guerrier ne dressent aucun rempart devant l'apparition de la dame désirée. Ici se trouve l'essence de la courtoisie, dans cette conjonction entre la vaillance et l'amour.

Depuis quand avons-nous décrété qu'il est ridicule, inconvenant pour un homme

de pleurer, de trembler,
de s'évanouir ? Depuis quand
la prétendue force masculine
se passe-t-elle d'émotion et
de sensibilité ? Dans l'interminable
roman de *L'Astrée* qui parut de
1607 à 1624, Céladon exprime
encore tous les troubles
de l'amour. Et Mendelssohn lui-
même s'évanouit en apprenant
la mort de Fanny, sa sœur très
aimée. Peut-être que les êtres
sensibles se cachent, ou qu'ils
n'existent que dans les pages
d'une littérature jugée obsolète...

Ou peut-être avons-nous
transféré dans le domaine
érotique les frissons, plaintes et
soupirs qui étaient réservés

jusqu'alors au langage du cœur.
Dans les scènes d'alcôve
les phrases n'ont plus cours,
les mots mêmes s'éclipsent ;
seuls demeurent audibles les cris,
roucoulements et gazouillis,
les exclamations et les halètements.
Le plaisir subvertit la belle
ordonnance du discours et
la hache menu. La rencontre
érotique ne fait pas des orateurs.
Si, pour Mallarmé, "la chair est
triste", c'est parce qu'elle est
dépourvue de mots, qu'elle
se contente de sonorités et
de grognements là où le cœur
est inventif et poète. Le langage
de l'alcôve apparaît primitif,
il est tout proche de celui

Il me paraît que la voie
que doit prendre le
Courtisan pour faire
connaître son amour à la
dame est de le lui montrer
par sa contenance plutôt
que par ses paroles, car en
vérité on connaît mieux
l'affection amoureuse par
un soupir, par un acte de
respect ou de crainte, que
par mille paroles.

Baldassar Castiglione

dont usait l'homme des cavernes.

De fait la passion fervente, le désir fou autant que les frémissements et les sursauts du corps s'avèrent le plus souvent hors de portée des mots. En-deçà ou au-delà. Ils laissent les amants éberlués, membres rompus, véritablement égarés en un pays inconnu. Bredouillant une langue nouvelle. Pour dire les transports de la chair heureuse, pour relater les mystiques extases, il faut recourir au chant ou emprunter la voie poétique.

C'est l'opéra – et quel opéra – qui nous offre un fin passage entre l'évanouissement et le ravissement que tour à tour

éprouve Tamino, le héros de
La Flûte enchantée. Au début de
l'opéra mozartien, Tamino perd
connaissance en voyant
s'approcher un serpent. Revenu à
lui, il va découvrir peu après
le portrait d'une jeune femme,
Pamina, qui lui est destinée :
il entre en ravissement devant ce
visage et entonne un air sublime.
Comme si l'évanouissement était
d'ordre tellurique et tirait vers
le bas et l'obscur (ainsi, selon le
mythe grec, la jeune Perséphone,
enlevée par Hadès le dieu des
Enfers, perd aussitôt conscience),
tandis que le ravissement
s'affirme d'ordre céleste et
lumineux. Dans le premier cas,

l'être humain s'affaisse, dans le
second cas il s'élève. Mais toujours
il semble disparaître, échappant à
son corps et au quotidien.

Devant la présence divine
le mystique devient absent à
soi-même. Son âme s'envole loin
de l'étroite prison du moi pour
dialoguer avec Dieu, pour s'unir
à lui. Ainsi chantent, en leurs
extases et visions, Catherine
de Sienne et Thérèse d'Avila,
François d'Assise et Jean de
la Croix. Ils paraissent avoir
délaissé cette terre et pourtant
leur corps se cabre, se tend,
tressaille, s'abandonne, leurs
yeux se retournent, leurs mains
sont saisies de tremblements...

Leur jouissance de Dieu semble un plaisir sans fin. Mais comment en parler si ce n'est en faisant intervenir les anges ou les métaphores ? Comment évoquer cette fruition divine autrement qu'en termes d'étreinte amoureuse ?...
Le cantique qu'ils entonnent tour à tour, ces saints et ces mystiques de toutes religions, est un interminable bruissement, un merveilleux frisson de joie ; c'est un souffle qui se retient, qui se déploie, qui jamais ne sera un dernier soupir.

La beauté parfois peut donner envie de mourir. Comme l'amour. Si l'on n'y succombe pas, on demeure pour le restant de ses jours dans le tremblement.

ILLUSTRATIONS

Couverture et p. 32 : L'Evanouissement d'Esther, Véronèse Caliari Paolo (1528-1588), Louvre. © Photo RMN.

p. 4 : L'Escarpolette, Quinsac Raymond Auguste (1794-1870), Montvoisin (dit), Louvre. © Photo RMN - G. Blot/C. Jean.

p. 7 : © Photo Véronique Willemin.

p. 9 : La Prédication de saint Etienne à Jérusalem, Carpaccio Vittore (1450/54-1525/26), Louvre. © Photo RMN - Gérard Blot.

p. 12-13 : Rêverie, Fox Phillips (1865-1915), Orsay. © Photo RMN - Jean Schormans.

p. 17 : Le Verrou, Fragonard Jean-Honoré (1732-1806), Louvre. © Photo RMN - Hervé Lewandowski.

p. 20 : La Descente de croix, Maître de Saint-Barthelemy (actif fin XVe siècle), Louvre. © Photo RMN - H. Lewandowski.

Conception
et réalisation graphique :
Didier Thimonier
et Isabelle Fritsch, Paris

Photogravure, flashage :
Athanassopoulos, Athènes.

Achevé d'imprimer en avril 1998
par Everprint, Milan.

IMPRIMÉ DANS
L'UNION EUROPÉENNE